AF555205

LETTRE
A MADAME D***,

AUTEUR DU MÉMOIRE

POUR LE SEXE FÉMININ,

CONTRE LE SEXE MASCULIN.

LETTRE

A MADAME D***,

AUTEUR DU MÉMOIRE

POUR LE SEXE FÉMININ,

CONTRE LE SEXE MASCULIN.

A PARIS,

Chez tous les Marchands de Nouveautés.

1788.

LETTRE

A MADAME D***,

AUTEUR DU MÉMOIRE

POUR LE SEXE FÉMININ,

CONTRE LE SEXE MASCULIN.

Novimus & qui te. , . . . VIRG. EGL. 3.

JE vous remercie, Madame, de l'envoi de votre Ouvrage (1); mais je vous avouerai que je ne puis y répondre : non que je ſois occupé d'affaires plus eſſentielles, (car je n'en connois pas de plus eſſentielles que de

(1) Je ne l'ai reçu que le 21 Novembre, à mon retour d'un petit voyage.

réparer promptement le tort fait à la réputation d'autrui), ni que je craigne de rentrer dans une carriere, dont je me suis hâté de sortir, encore moins que je sente mes torts, & sois prêt à me rétracter; mais c'est votre Ouvrage lui-même qui m'en dispense. Il me contredit par-tout, il est vrai; mais avec tant d'aigreur seulement, que je le crois (l'avouerai-je), arraché plutôt à votre sexe, qu'à une véritable différence entre vos sentimens & les miens; & sans la petite colere qui regne à chaque page, je trouverois tout fort innocent. L'on sait que vous maniez souvent la plume, que vous vous glorifiez *d'un préjugé vaincu*; & tout votre sexe a sans doute imploré votre talent, contre une attaque qui n'est pas si digne de mépris, puisque vous me répondez. Je [illegible] en admirant vo- [illegible] enbarras, pour m'avertir sans doute de la contrainte qu'on vous fait, & du parti cependant que vous choisissez.

J'en profiterai, Madame, & je commence à deviner pouquoi vous, qui me reprochez de ne *justifier mes assertions que par cinq à six exemples*, ne me combattez que par des exemples sans raison. J'ai trop bonne opinion de votre esprit, pour soupçonner que ce soit faute de meilleur moyen, ou que vous croyiez m'avoir bien réfuté, par des traits pris au hasard dans les Mercures, & qui prouvent, tout au plus, de la générosité, de la vertu, de l'héroïsme dans quelques femmes ; ce dont je n'ai jamais douté. Vous savez encore, tout comme moi, que les exceptions, loin de détruire la regle, l'affirment au contraire, & qu'on ne peut raison[illegible] rien conclure au général, des vices & des vertus d'un particulier. Mais ſi dans la gêne que vous donnoit une tâche pénible, vous avez cherché le moyen le plus court, ſans avoir l'air de trahir votre cauſe, j'oſe dire que vous avez parfaitement réuſſi, & qu'on ne peut mieux ſe tirer d'un pas embarraſſant.

Pouvois-je agir comme vous? mon choix étoit libre. Après des raiſonnemens concis (par une double néceſſité), & que beaucoup ont intérêt de ne pas vouloir entendre, il me falloit bien citer des exemples, pour appuyer & éclaircir les uns par les autres. Quand j'oſai avancer en général, pour cacher le but où j'en voulois venir, que la décadence du goût & des arts avoit toujours ſuivi celle des mœurs, il me falloit bien citer la Perſe, l'Egypte, la Grece, Rome, la France elle-même, qui m'en offroient la preuve. Ce point une fois inconteſtable, il me parut tout ſimple, de chercher par des faits d'où provenoit la corruption. Chez tous les Peuples robuſtes & vertueux, chez les Sauvages, ces hommes étonnans, qui portent la magnanimité, l'immobilité dans les ſupplices les plus affreux à un point incroyable, chez toutes les Nations qui commencent à s'illuſtrer, je voyois la femme comptée preſque pour rien; tandis que je la trouvois au contraire toujours figurante dans les malheurs, & la décadence des empires; & le malheur, l'aviliſſement & la corruption, croître toujours en raiſon de ſon pouvoir. Dès-lors je me fixai, & me crus en droit de conclure, que ſon aſcendant eſt plutôt nuiſible qu'utile: ſoit qu'il préſage la foibleſſe ou le dépériſſement d'un état, comme l'éclair annonce la foudre, ou qu'il en ſoit le principe; & j'oſai vous regarder dès ce moment, comme la cauſe active ou paſſive des maux que je déplorois.

Eh pourquoi, ſi votre aſcendant n'eſt pas vraiment dangereux, pourquoi ne vous voit-on ſortir de votre retraite qu'à la chute des états, que lorſque tout commence à mal aller, enfin que lorſque nous ſommes efféminés? Cette expreſſion *efféminé* ſeroit-elle même un reproche, ſeroit-elle juſte, ſi le mal qu'elle déſigne n'étoit réel, & votre ſeul ouvrage? Cependant elle eſt le dernier coup de pinceau pour flétrir une Nation: ce qui me paroît très-raiſonnable.

Il exiſte des vertus, des qualités relatives à chaque ſexe, qui deviennent défauts, dès qu'elles n'appartiennent plus à celui qu'elles devoient décorer. La délicateſſe, la timidité ſont des graces dans la femme, auſſi néceſſaires peut-être à ſon bonheur, que contraire à l'eſſence de l'homme, ſait pour braver les dangers & la fatigue. La vie ſédentaire qui demande peu de forces, ne convient qu'à votre foibleſſe : chez nous elle énerve le courage, l'eſprit & le corps, & c'eſt le premier reproche à vous faire, ſans néanmoins vous trouver coupable de n'être pas auſſi agiſſante, auſſi diſſipée que nous. Ce qui me donne occaſion de diſtinguer, chemin faiſant, deux eſpéces de mal que vous nous faites, l'un provenant de la nature, l'autre de votre corruption : ce dernier mal eſt bien plus dangéreux, & vous en êtes ſeule totalement reſponſable.

Avouez-donc, Madame, malgré votre extrême envie à me faire paſſer pour injuſte, que je ne le ſuis pas, je ne mets dans mes accuſations que l'importance néceſſaire ; ce qu'il me ſeroit facile de vous prouver ſi j'avois deſſein de vous répondre. Je n'ai point, dirais-je par exemple, parlé de cette noble confiance, qui vous porte à croire, à dire qu'on ne vous connoît pas, dès qu'on vous soupçonne quelque défaut: ou quand on peint son étonnement sur votre vertu, qu'on n'a jamais rencontré de femmes honnêtes, ce qui pourroit bien être, diroit un mauvais plaisant; mais en vérité ce n'est pas ma faute, j'en ai toujours cherchées. Je n'ai pas non plus relevé cette jalousie qui vous porte à dépriser toutes les femmes qui valent mieux que vous, & à ne point accorder de louanges sans un malin correctif. Cela m'a paru si naturel que je n'ai pas cru m'y devoir arrêter, non plus qu'à ce temps énorme que les plus laides perdent devant un miroir, sans en être plus supportables ni mieux se connoître; & pour en venir à des faits plus graves, j'ai même passé sous silence, dirais-je, le tort que vous faites, tôt ou tard, au courage. *Au courage?* Oui Madame, au courage. Cela vous étonne! & vous songez aux fastes de l'antique Chevalerie, où se trouvent, dites-vous, tant de hauts faits entrepris pour des femmes. Je le veux bien ; mais croyez-vous que le véritable courage ait besoin de ce petit intérêt pour éclater ? Tous ces braves ne combattoient-ils que sous vos yeux & pour vous ? Non, Madame, ils mê-loient le plaisir de vous plaire à celui de l'honneur ; & vous rapportant toute la gloire du combat, imitoient Titus, qui, poussé par sa bonté naturelle à faire des heureux, en cédoit pourtant tout l'honneur à Bérénice. Quand vous n'auriez pas existé, ces vaillans Chevaliers n'en eussent pas moins combattu fierement pour leur patrie & leur gloire ; & une *Dame des pen-sées* étoit plutôt de costume que d'esſence. Mais en vous confiant le laurier immortel dont on couronnoit les exploits, on avoit cru en rehauſſer le prix ; & voilà ce qui vous a mêlées imperceptiblement au culte des Chevaliers. Pouvoit-on penſer à la récompenſe, ſans ſonger à la main qui la donnoit, ſans chercher à l'identifier, en quelque ſorte, à ſa gloire? Les premiers Grecs, les premiers Romains, les Sauvages offrent des traits effrayans de bravoure ſans la moindre influence des femmes. On peut donc être brave ſans vous; mais les peuples ne peuvent être longtemps robuſtes & vertueux ſous votre empire, l'hiſtoire le prouve. Cependant les deux plus ſolides bâſes du courage, ſont la force & la vertu.

Me voici retombés encore pour vous, Madame, dans une nouvelle *abſurdité* ou *dans le cahos*, & je doute bien que vous n'entendrez rien à ce mauvais raiſonnement qui ne vous loue pas : auſſi n'ai-je pas réſolu de vous le faire entendre. Que me ſerviroit de vous répéter encore, que plus on a la conſcience de ſes forces, & plus on eſt courageux, parce qu'on a plus de moyens de réſiſter & de vaincre. Que la vertu raſſure par la paix d'une bonne conſcience contre les terreurs de la mort, toujours redoutable, toujours dangereuſe pour le crime ; mais que par un mélange trop journalier avec vous, nous perdons ces deux avantages : parce que prenant inſenſiblement votre accent, votre façon de vivre, vos habitudes, notre phyſique ſe détériore à la longue, comme l'enfant qu'on prive du mouvement & de l'air, s'affoiblit, & ne parvient jamais qu'à la médiocrité. Vous m'avez paru ſentir avec trop d'amertume la foibleſſe des hommes d'aujourd'hui pour n'être pas ici d'accord avec moi ; mais je n'aurai peut-être pas le même bonheur à l'égard de la vertu. Vous qui me dites si fierement *qu'il faudroit prouver que les mœurs sont plus dépravées dans ce siecle que dans les derniers, où les crimes de toute espéce se commettoient*, ajoutez-vous, *avec plus de hardiesse qu'aujourd'hui*. Madame, ne sentez-vous pas que cette derniere réflexion résout le problême, & rend inutile & ridicule l'antécédent ? A moins que vous n'entendiez que nous sommes aussi méchans, mais plus lâches, ce que je suis loin de nier ? mais d'où vient cette lâcheté, dans un siecle où vous avez tant d'empire ? Cette éternelle union de notre décadence & du progrès de votre pouvoir est désespérante, je le sens bien. Que faire pourtant, elle est trop fortement marquée dans l'histoire pour la nier ; & nous accuser les premiers de votre corruption, est bien plus adroit. Toutefois ce moyen fait plutôt votre éloge que celui de votre cause; il ne faut pas tant d'esprit pour en soutenir une bonne ; & toujours s'échapper par des faux fuyans, n'est-ce pas en avouer tacitement la foiblesse ?

Car enfin, *la corruption des mœurs est due* au sexe qui y gagne le plus, au sexe, qui sans elle ne commanderoit pas, au sexe le plus affamé de plaisir, au sexe le plus emporté, au sexe le plus foible, (car rien de plus près de la corruption que la foiblesse), au sexe . . . . . . Je m'arrête, & je sens que je mériterois encore, peut-être, *votre pitié*.

Le premier devoir de quiconque est dépositaire d'un dépôt sacré, n'est-il pas d'éviter le péril, de fuir avec obstination tout intéressé à le corrompre? Quel qu'en soit l'événement, le dépositaire qui s'expose pêche donc, &

doublement ſur-tout, quand ſa bonne foi peut être ſuſpectée, par l'avantage que lui procureroit la perte de ſon dépôt. Ne reconnoiſſez-vous pas d'ici, Madame, l'hiſtoire de votre ſexe, qui chargé d'un dépôt précieux, n'a pas craint de s'expoſer à nos attaques, en a même cherché tous les moyens, & nous a fait naître le deſir ou la facilité de le ſéduire? Dans ce cas, quel eſt le premier, & le plus coupable? La queſtion eſt embarraſſante, & ſi je vous preſſois . . . . . , . ne craignez rien, Madame.

Votre ſexe eſt très-orgueilleux, comme tout ce qui eſt foible. Ce qu'il demande, ce qu'il convoite le plus âprement, tout ce qu'il rêve c'eſt l'empire. Toujours il cherche à s'élever au-deſſus de lui-même; & voilà encore la ſeconde raiſon qui l'arrache à ſa retraite, où l'infortuné ne croit voir que des témoignages de contrainte & de ſervitude, au lieu de ſentir au contraire que c'eſt-là qu'eſt ſa dignité, ſon véritable empire, ſon plus invincible deſpotiſme. Quoi de plus attendriſſant, de plus impoſant qu'une digne mere de famille entourée de ſes enfans, de ſon époux, & qui d'un ſeul regard regle, anime, vivifie tout autour d'elle : par tout ailleurs, déplacée & ridicule, la femme ne reçoit que des hommages inſultans, & toujours intéreſſés. Les rechercher, quand on en connoît le but, n'eſt-ce pas clairement annoncer ce qu'on eſt ? & ſommes nous plus coupables alors d'en profiter, que le voyageur de ramaſſer ſur le grand chemin une bourſe, dont un autre profiteroit à ſon défaut ?

Un particulier peut bien attaquer une femme, la ſéduire, l'arracher à ſes pénates ; mais la voix publique n'en réclame pas moins hautement contre la diſſipation générale, & la licence des femmes d'aujourd'hui. Pourquoi donc écoutent-elles moins cette voix terrible, que celle de l'individu qui les attaque? N'en aurais-je pas dit la raiſon plus haut? Il eſt bien difficile de réſiſter à des ſéductions, qu'appuie notre propre penchant. Eh, que devient à cette heure l'aveu, *ſi nous vous corrompons, c'eſt après l'avoir été par vous*. Lorſqu'il eſt démontré que vous deſiriez l'être, que vous l'étiez déjà au fond du cœur, & que pour nous échapper, vous n'aviez qu'à reſter renfermées conſtamment dans le ſein de vos dieux domeſtiques. Quel rempart vous nous euſſiez oppoſé!

N'allez pas croire que j'infére delà notre perfection? Non, Madame, nous ne ſommes pas parfaits malheureuſement, (car vous n'auriez guere de priſe ſur nous); mais vous vous ſervez habilement de nos foibleſſes,

bleſſes, vous fomentez nos vices, pour nous corrompre & nous commander : & voilà, comme travaillant à l'envi à nous ſéduire mutuellement, chacun eſt puni du mal qu'il fait à l'autre.

Il eſt bien clair que ſans l'attrait du plaiſir, nous ſerions au-deſſus de vos pernicieuſes inſinuations. C'eſt lui, ſans doute, qui nous rapproche de vous, & nous ſoumet à vos caprices; mais ſi pour le ſatisfaire, il ne falloit qu'être vertueux, honnête, bon citoyen ; avec quel zele ne volerions nous pas vers un but qui réuniroit le plaiſir & la vertu ! il ne tenoit donc qu'à vous d'en faire le germe du plus grand bien. Sommes-nous coupables nous, de ne pouvoir maîtriſer l'attrait invincible, dont la nature embellit le plus néceſſaire, le plus impérieux beſoin ? Mais vous qui le changez en un vil trafic, vous qui le faites acheter aux dépens de notre aviliſſement, vous qui rendèz ce plaisir céleste, le prix honteux de tous les vices, vous seules êtes comptables de tous les maux qu'il engendre. Quel homme oseroit reprocher à l'infortuné mourant de faim, d'aliéner sa liberté pour un morceau de pain ? Tous les reproches que vous nous faites à cet égard, retombent donc sur vous-même, & partout je vois triompher ma cause par vos propres raisons.

En effet, j'avois dit, & je croyois bonnement que la pudeur devoit être à tout âge l'ornement de votre sexe. Vous m'apprenez que ce n'est plus cela maintenant, & *qu'elle ne dure, ainsi que la sensibilité & la compassion*, (la compassion après la sensibilité) *que depuis douze ans jusqu'à vingt* (pag. 25). Madame, seroit-il vrai? ...... Non, j'ai meilleure opinion des femmes; & je les juge en ce moment par toutes celles que je connois.

Voyez où conduiſent, ſans qu'on s'en apperçoive, les vices d'un cadre étroit & mal combiné. Il ne tiendroit qu'à moi de vous rendre maintenant, avec avantage, tout le ridicule (je n'oſe dire les épithetes) que vous me prêtez. Heureuſement j'ai réſolu de ne vous pas répondre, & vous devez m'en ſavoir bien bon gré. Car m'arrêtant dès le premier mot, combien ne me ſerois-je pas égayé ſur ce *toutes tant que* ſonore qui commence l'ouvrage. Sur la phraſe *toutes tant que nous ſommes, nous ſavons les* RAISONS PARTICULIERES. *Pourquoi*, (il falloit pour leſquelles), *Juvenal, Boileau, Moliere, Labruyere*, (Labruyere) *ſe ſont déchaînés contre nous.* Vous le ſavez ? Ah oui ! je vous entends. Toujours de la malignité. Eh, Madame, à quarante-cinq ans..... non, point de grace à eſpérer de votre part ſur cet article. Après tout, cependant ne peut-on vous examiner de ſang froid à cet âge, & ſans avoir encore de *reproche* à ſe faire ? Je dis *reproche*, car il me paroît que c'en eſt un à vos yeux. Oh oui, c'en eſt un, vous avez bien raiſon, Madame, mais faut-il avouer que moi je n'en ai aucun de cette ſorte à me faire ? Il s'en faut, & cela n'auroit il pas trop l'air de vouloir ſe vanter ? Que faire ? Voyez mon embarras, & de grace aidez-moi, s'il vous plaît, à m'en tirer avec honneur : il m'eſt ſi dur de me voir ſoupçonner ! j'avois tant fait pour ne pas l'être ! La meilleure réputation ne ſauve donc pas toujours : il faut bien s'en conſoler, puiſque la nature qui vous a ſi bien traité, n'eſt pas non plus à l'abri de votre ingratitude. *C'eſt la nature*, dites-vous, *qu'il faut accuſer ſi les Auteurs ne ſont pas plus forts aujourd'hui :* toujours de la force. Qu'entendez-vous, Madame, par des Auteurs forts ? *Elle ne les crée pas avec aſſez de capacité.* Je vous demande pardon, Madame, je vous en crois beaucoup. *C'eſt pourquoi je trouve toujours une extrême injuſtice dans les reproches qu'on leur fait de leur foibleſſe.* C'eſt bien généreux; & qu'ici vous avez de modération! Malheureuſement on ne penſe pas toujours de même, & tel nous excuſe, qui ne laiſſe pas encore de nous en punir.

Vos réſultats de la nature dans l'amour, m'ont fait rire. Je ſuis pourtant bien aiſe d'apprendre que vous les ayez *ſentis*, & que vous les voyiez encore quelquefois dans vos campagnes, *ça fait toujours plaiſir:* mais je n'ai pu ſupporter votre récit de l'amour. Non, Madame, ce n'eſt point ainſi que le véritable amour ſe ſent & ſe trahit. Je ne l'ai connu que deux mois dans ma pénible vie, & il y a long-temps; mais j'en ai l'ame toute pleine encore, & jamais il n'a reſſemblé à rien de ce que vous récitez. Etourdi du premier regard de celle qui devoit m'enchaîner pour la vie, je crus voir une essence céleste ; mes genoux plierent, mon cœur se prosterna, ma langue tremblante ne put bégayer mon adoration. Dans mon trouble, dans mon extase, dans mon ravissement..... Non, je ne souillerai point par une trop foible peinture tout ce que je sentis. Femme adorable ! que le ciel impitoyable m'a ravie ! idole unique ! d'une ame qui ne peut encore après tant d'années se consoler de ta perte ! O mon Amante ! du séjour ètheré où t'a conduite ta vertu, abaisse tes regards sur la tendre moitié de toi-même, & jusqu'au moment où l'Eternel nous réunira dans son sein, sois le charme, & le désespoir de ma vie !

Me voilà bien loin de vous, Madame, je le sens, & ne vous en fais point d'excuſe, puiſque j'ai réſolu de ne vous point répondre. Sans cela, aurois-je paſſé ce raiſonnement ? (page 9) *Il ſeroit impoſſible que la femme eût affiché la premiere le libertinage, la pudeur naturelle* (je le nie plus loin,) *à notre ſexe s'y ſeroit continuellement oppoſée. Les préjugés, les opinions reçues* (c'étoit *reçus*,) (1) *dont les hommes accablent* (accablent; ils vous paroiſſent donc bien gênans ?) *notre ſexe, ſe ſeroient également oppoſés à ce que ce fût* LUI : ſans doute, c'eſt *eux* que vous avez voulu dire, *qui nous eût*, par conſéquent *euſſent corrompues*. Tirez vous-même la conſéquence ? j'ai oublié tout ce qui ſuit, pour déchifrer s'il eſt poſſible ce raiſonnement. (page 11) *N'eſt-ce pas un corps plus fort qui en met*

---

(1) Je mets cette faute ſur votre compte, parce qu'il s'agit du MASCULIN.

un plus foible en mouvement? Soit, car vous me paroiſſez bien forte en *phyſique*; mais en quoi ce raiſonnement peut-il s'appliquer au moral? *Pour que le plus foible mît le plus fort en mouvement, il faudroit qu'il fût élancé par un corps plus puiſſant que les deux enſemble.* Non, Madame, il ſuffiroit que cet agent étranger, eût le ſurplus de force qui manque au plus foible, pour vaincre l'inertie ou la réſiſtance du plus fort. Encore un coup, à quoi bon tout cela? *Mais en préſence de ces paſſions, de ces vices des deux ſexes*, à quoi ſe rapportent *ces deux ces : il n'y a point de corps plus fort*? Madame, voici un corps placé entre les deux ſexes, qui m'embarraſſe furieuſement; car enfin, quel peut-il être? Liſons, *qui élance les paſſions des hommes contre celles des femmes.* Oh, m'y voilà! je connois un corps.... mais comment le nommer? Eh ce n'eſt pas la peine, ſans doute.

doute. Vous le connoiſſez bien, Madame, puiſque vous en parlez : moi je crois vous entendre, & cela ſuffit : pourſuivons. *Et qui force ceux-ci ? Sont-ce les hommes, ou les femmes ? à recevoir le mouvement ?* Concluſion : *ce ſont donc ceux des hommes, qui le donnent à ceux des femmes*, RISUM TENEATIS. Je par le latin exprès : ne vous en offenſez pas, Madame, car c'eſt par égard pour vous, *parce qu'ils ſont les plus grands & les plus forts.* Je ne ſais plus où j'en ſuis : tous ces pronoms équivoques m'ont troublé ; & que j'entende ou non ce dernier raiſonnement, je ne prétends vous rien diſputer à cet égard : cela prouvera du moins que je ne ſuis pas ni ſi vain ni *ſi téméraire.* Ah ! Madame, téméraire ! je n'en ſerai que trop bien juſtifié, je vous en réponds, & je puis dire publiquement :

Graces au ciel mes mains ne ſont pas criminelles.

ſans crainte d'être contredit par perſonne. *Je ſuis ſi foible d'inſtruction*, que vous en ferez ſans doute honneur à mon ignorance. Il ſe peut qu'elle y ait contribué ; mais n'eſt-ce rien d'avoir conſervé ſon ignorance, dans un ſiecle où tout eſt ſavant de ſi bonne heure, ſans excepter même les Demoiſelles, qui, ſelon vous, ſavant A SIX OU SEPT ANS *déjà qu'elles ne ſont plus de petits garçons*. Madame, ne faites-vous pas ici honneur de vos connoiſſances prématurées à votre ſexe ? Vous ſavez que ce n'eſt que dans les ames bien nées que la vertu devance les années, & toutes ne le ſont pas auſſi heureuſement ; mais paſſons, j'accorde donc encore que *ſi vous êtes ſéduites, c'eſt la faute*, la faute n'eſt pas le mot, *des hommes qui vous attaquent*. Eh, ſans doute, ſi l'on ne vous attaquoit pas, vous ne pourriez ſuccomber. Pour perdre il faut bien un gagnant, & le ſoldat n'eſt vaincu non plus que par la *faute* de l'ennemi qui l'attaque. Peut-on être séduit sans qu'un autre séduise ? Mais le devoir est de résister, la victoire se nomme vertu, & voilà ce qui rend si beau, si vrai ce vers :

L'on doute d'un cœur qui n'a point combattu ?

Eh, Madame, ignoriez-vous tout cela ? Oh ! non sans doute ; mais avec votre *pudeur*, (page 9), *que vous dites si forte*, vous vous êtes crue invincible, & ne vous attendiez sûrement pas que je le nierois hautement. Oui, Madame, je le nie, & soutiens que la pudeur vous prête des armes au contraire pour nous séduire plus sûrement encore. Comment se défendre de la candeur, qui fait rougir au moindre mot une tendre beauté ? Quoi de plus séduisant que son œil timide, son regard furtif, ses soupirs que l'on n'entendroit pas, s'ils n'agitoient doucement un ſein incomparable, & que l'imagination ſeule pourtant a vu. Des manieres trop ouvertes ſoulevent un cœur délicat ; mais il n'eſt point à l'épreuve de ces fines agaceries, qui ſemblent plutôt des diſtractions, que l'ouvrage de la plus ſavante coquetterie; & les moins friponnes n'ont que trop encore l'art de nous attaquer, ſans avoir l'air d'y penſer: & de faire de tous nos ſens des moyens inévitables de ſéduction, ſans même ſortir des bornes de la plus ſévere décence...... Bon Dieu! à qui vais-je dire tout cela? Ah, Madame, quel piege vous me tendiez avec votre pudeur! Arrêtons-nous, & n'y donnons pas tout entier.

J'aime mieux vous faire part de ma ſurpriſe, à la lecture du morceau (page 20), où vous dites, *que ſi la jeune Demoiſelle eût parlé, elle ne ſeroit pas morte.* Madame, le beſoin de parler, eſt donc chez vous bien eſſentiel? Juſqu'à préſent je regardois cela comme une plaiſanterie; mais vous êtes femme, vous vous connoiſſez, il faut bien vous en croire. Je ſuis pourtant fâché que ce ſoit votre hiſtoire qui me déſabuſe : elle eſt ſi triſte. J'aime mieux l'immobilité philoſophique de votre *M. l'Huillier*, à qui pourtant je ſais très-mauvais gré de n'être pas mort auſſi, au moins pour l'honneur du ſexe; mais ne ſeroit-il pas dangéreux que tout le monde mourût à la lecture d'Epicaris? Oui, & grace à la ſage prévoyance de la nature, je connois bien des femmes qui l'ont lue, ſans même s'évanouir, & cette fermeté n'eſt pas rare à préſent.

D'après l'extrême différence qui regne entre votre Ouvrage & le mien, vous voyez, Madame, l'inutilité d'une réplique. J'avois prédit votre colere, & votre réponſe n'a rien de *ſurpre-*

nant : ainsi plus que jamais je dois me taire. Sans même vous apprendre, que bien loin de prêter à Rousseau, je me ferois plutôt gloire de le voler; & que c'est dans une note à sa Lettre sur les Spectacles, qu'est bien énoncé le reproche qui vous a tant déplu, que *vous ne saviez ni sentir ni décrire l'amour.* Eh bien, faut-il pour vous appaiser, Madame, avouer que c'est tout le contraire pour vous, que vous le sentez bien, que vous en avez donné des preuves assez nombreuses, & que dans l'amour vous surpassez tout votre sexe? En dirois-je encore plus? Je le puis : la crainte d'être trop long m'arrête; il ne faut pas abuser de votre patience. Voilà pourquoi je ne dis rien de votre style, ni du mot *endoloirés*, au lieu d'endolorés. Sans doute c'est une faute d'Imprimeur, & j'en ai été moi-même trop maltraité; sur-tout dans mon troisieme volume, pour n'être pas indulgent.

Malgré toute ma bonne volonté, je ne puis vous passer pourtant l'horrible accusation; que nous ne savons pas aimer nos enfans. Nous ne savons pas les aimer! Ah! Madame, n'êtes-vous pas encore dupe de l'apparence? Votre douleur est si bruyante, si effarée, que la nôtre, toute concentrée dans l'ame, vous a parue bien foible. Vous croyez sans doute, qu'on ne peut être affligé fortement sans se meurtrir le sein, s'arracher les cheveux, étourdir tout un quartier; & je crois au contraire, que tant de bruit diminue & soulage la douleur, comme les cris que pousse un malheureux dans une opération, extenuent ses souffrances, & font diversion à son mal: le désespoir qui se tait est mortel. Voyez la belle gravure des Sauvages, pleurant sur le tombeau de leurs fils. La mere gémit, pleure l'arroſe de ſon lait. Le pere immobile, le teint plombé, le regard ſombre, n'a pas même de larme; lequel pourtant attriſte, gêne plus le ſpectateur, je vous le demande, Madame, à vous, ſi bon juge des ſenſations? Priam ſans gardes, ſans ſuite, ſort de ſon palais, traverſe un camp ennemi, arrive à la tente d'Achille, & proſternant ſon front vénérable, embraſſe de ſes mains pâles, les genoux du meurtrier de ſon fils, le conjurant de lui rendre ce cadavre, qu'il vient chercher à travers tant de périls. Hecube crie, ſe déſeſpere, & ne ſonge pas même à lui donner un tombeau, honneur ſi eſſentiel chez les anciens. A ces grands traits, pris dans le Peintre de la Nature, revenez donc de votre erreur. Il ſe pourroit cependant que nous aimaſſions moins nos enfans dans le premier âge; parce qu'alors, il n'y a que l'inſtinct de la nature qui parle,

& qu'elle a plus fortement gravé cet inſtinct chez la mere, dont le nouveau né ne peut ſe paſſer. Dans les animaux, il y a même beaucoup d'eſpeces où la femelle dérobe la connoiſſance de ſes petits au mâle. Tous les oiſeaux en ſont exceptés, parce que l'incubation exige les ſoins des deux ; d'où l'on devine aiſément l'intention de la nature. Mais quand nos enfans commencent à nous entendre, & que nous pouvons les aimer de l'ame ; alors nous reprenons notre ſupériorité, & nous les aimons plus que vous : ce que Richardſon eſt loin de nier, comme vous le prétendez. Dans ſa Clariſſe, on voit en friſſonnant les dangers de forcer l'inclination. Mais dites-vous, Madame, qui me paroiſſez raiſonner ſi bien, peut-on en conclure que tous les peres abuſent de leur autorité ? Enfin, puiſque vous connoiſſez un bon pere, pourquoi ne voulez-vous pas que j'en connoiſſe un, que mon voiſin en connoiſſe un autre, ainſi de ſuite? Ce qui diminueroit bien inſenſiblement *le nombre des peres qui ne ſavent pas embraſſer*, ſelon vous, *leurs enfans.*

Tout examen bien mûrement approfondi, nous ne ſommes coupables, ditesvous, *dans les deux premiers* (âges) *&* *dans le quatrieme, que de petites fautes*, *& de petites foibleſſes indifférentes, &* *qui ne peuvent mériter un reproche ſérieux.* Je ne ſais ſi tout cela eſt vrai, & bien concluant; mais en changeant quelques mots, je vais le rendre incontestable. Tout examen bien mûrement approfondi, votre réponſe dans les premieres & dernieres pages n'eſt pleine que de fautes, & de petits raiſonnemens qui ne méritent pas une attention ſérieuſe. Pourriez-vous donc blâmer un ſilence dans lequel tout m'affermit de plus en plus; & me faudra-t-il descendre dans l'arêne avec le premier qui voudra m'attaquer ? Non, Madame, comme on ne me répond, à ce que je vois, que par intérêt ou désœuvrement; moi qui n'écris, autant que je le peux, que pour le bien public, je n'ai ni temps à perdre, ni parti à soutenir, & je laisserai chacun écrire impunément ce qu'il voudra. Si j'ai dit la vérité, personne ne la changera: si par malheur je me suis trompé, il seroit inutile d'entasser brochures sur brochures pour le nier; & quel que soit le succès des attaquans, je ne vois qu'un parti, c'est de les juger & de me taire. Je vous déclare donc que je ne répondrai plus, & que plusieurs femmes préparent envain une critique. Rien ne pourra m'arracher un seul mot, qui ne seroit plus, je le sens, de ma part, qu'un *ridiculum acri*, & c'est ce que je veux éviter. Vous jugez bien qu'une telle résolution prise en vous lisant, doit être inébranlable: j'avouerai cependant qu'elle m'a coûté. Car enfin, Madame, pourquoi votre prétendu Mémoire, est-il dit en ma présence? Est-ce pour lui donner plus de sel, ou vous connois-je réellement? Je vous déclare d'avance, qu'étant peu répandu dans le monde littéraire, je ne connois qu'une femme auteur, avec qui les *bijoux indiscrets* m'ont brouillé. Seroit-ce vous par hasard? Dans ce cas je vous plains, & m'applaudis de ne vous avoir pas répondu. Mais permettez-moi de vous le dire: je ne conçois rien à votre vengeance. Je l'aurois pardonnée aux femmes qui ne m'ont jamais vu, & qui me croient un *monstre*. Mais vous, Madame, qui me connoissez, vous savez trop que je ne mérite ce nom sous aucun rapport, & suis à peu-près comme les autres hommes. Cinq pieds cinq pouces, ni beau, ni laid, blond, aſſez pâle, le caractere bouillant, l'ame ſenſible ; & ces vingt-cinq ans, que vous me reprochez, & qui me tourmentent bien moi même quelquefois, mais qui paſſeront vîte. C'eſt moi-même, & dans tout cela, il n'y a pas trop, je penſe, de quoi faire peur, ni mériter l'animadverſion de tout votre ſexe. Pourquoi donc cherche-t-il à m'enlaidir de ſoupçon ſans réalité ni fondement, & à me compoſer au gré d'une imagination effrayée? C'eſt que je le déteſte, puiſque je le blâme. Moi déteſter les femmes! moi qui ſuis ſans ceſſe avec elles, qui ne me trouve bien qu'à leurs genoux! moi qui voudrois y paſſer ma vie, & la mépriſe dès que je ne pourrai plus leur offrir un encens digne d'elles!

D'après cet aveu, vous devinez la raiſon pourquoi j'ai tant de peine à finir cette Lettre, & ne ſonge pas même à me défendre. Je ſuis comme Phedre.

J'oublie en vous voyant ce que je viens vous dire,

Et ſongeant à mon Ouvrage.

Je tremble que ſur lui votre injuſte colere
Ne pourſuive *les torts de ſon malheureux pere*.

Loin de m'en plaindre, je ſuis preſque tout prêt cependant à m'en féliciter; puiſque vous daignez m'indiquer mes défauts, qui ſont bien nombreux ſans doute. Jeune, ſans inſtruction, ſans livre, ſans conſeil; je n'ai pour unique guide que l'invincible inſtinct, qui me pouſſe à travailler pour ainſi dire malgré moi, & quand tout me manque: amis, parens, ennemis, indifférens, tout ſemble ſe liguer pour m'anéantir. Mon exiſtence eſt ſi pénible, que je m'étonne de vivre encore, & je ne ſais comment il me reſte aſſez de courage pour manier la plume.

Cette cruelle position doit bien ajouter à ma propre incapacité; mais soyez persuadée que je n'épargnerai rien pour me corriger, pour profiter des avis qu'on voudra bien me donner, (n'importe comment) & mériter un jour s'il est possible, votre estime, je n'ose dire plus. Recevez mon respect,

MADAME,

Le Chevalier DE FEUCHER.

P. S. J'achevois votre brochure, lorsqu'on m'a remis *le Journal général de France* du 4 Décembre, & j'ai encore eu le courage de le parcourir. Mais jugez de ma fatigue, & plaignez-moi. Je n'en pouvois plus, je baillois, mes paupieres tomboient à tous moments, quoi que j'en eusse; & je ressemblois réellement à un homme accablé de sa tâche. Enfin je l'ai achevé, ce moëlleux Chevalier des Dames, qui me reproche de ne savoir pas exciter leur sentiment. Eh! Monsieur, ne m'en blâmez point, ce n'est pas ma faute : ai-jevotre expérience? Croyez que si je pouvois tout ce que je veux, je serois impeccable; je prendrois garde surtout de ne point tomber dans les fautes que je blâme.

Il se peut qu'il me soit échappé des expressions un peu dures, car je ne sais pas gauchir; mais un Auteur parle en général, & tous les traits sont trop divisés pour blesser. Il n'en est pas de même d'un Journaliſte ; il ne s'adreſſe qu'à un ſeul individu, & tous les coups portent. Pourquoi donc ſe ſervent-ils pour la plupart de mots tranchants & malhonnêtes ? Cela ſent bien le jeune homme, & le peuple qui ne ſait reprendre qu'en *huant*. On peut dire ſimplement les défauts, & la critique n'en ſera que plus cruelle par un air de réſerve, qui ſemble annoncer qu'on voudroit n'avoir qu'à louer. Pardon, Madame, de cette digreſſion ; mais l'Auteur du Journal vous eſt peut-être connu, & vous pouvez lui lire cet article pour ſon bien. Au reſte, ne croyez pas qu'en le joignant avec vous, je vous ſoupçonne de moitié dans ſa critique : oh non, Madame, je vous connois, & je ſuis perſuadé (en le liſant) qu'il l'a faite tout ſeul.

www.ingramcontent.com/pod-product-compliance
Lightning Source LLC
LaVergne TN
LVHW010102230826
846091LV00005B/2054